Bröger/Flieger/Mai/Zeevaert

Das große Buch der Weihnachtsgeschichten

Achim Bröger,
geboren 1944, verheiratet, drei Kinder. Als freiberuflicher Schriftsteller schreibt er Kinder- und Jugendbücher; viele davon sind mit bedeutenden Preisen ausgezeichnet und in mehrere Sprachen übersetzt worden.

Jan Flieger,
liebt Kinder und wilde Katzen.
Seine fantasievollen Geschichten, die bei Kindern sehr beliebt sind, findet man in Anthologien und Lesebüchern. Für seine Jugendbücher erhielt er den Theodor-Körner-Preis.

Manfred Mai,
geboren 1949, lebt als freier Schriftsteller mit seiner Familie in seinem Geburtsort Winterlingen auf der Schwäbischen Alb. Er schreibt Geschichten und Gedichte für Kinder, Jugendliche und Erwachsene. Seine Bücher wurden in viele Sprachen übersetzt und mehrfach ausgezeichnet.

Sigrid Zeevaert,
geboren 1960, hat eine Ausbildung zur Grundschullehrerin absolviert, bevor sie sich ganz dem Schreiben von Kinder- und Jugendbüchern widmete. Viele ihrer Werke sind bei Arena erschienen, darunter auch das mehrfach ausgezeichnete Buch »Max, mein Bruder«.

Achim Bröger/Jan Flieger/
Manfred Mai/Sigrid Zeevaert

Das große Buch der Weihnachtsgeschichten

Mit farbigen Bildern von
Anne Ebert, Annette Fienig,
Gisela Kalow und Daniele Winterhager

ZEBRA

Eine Überraschung für alle

Am Morgen des fünften Dezember bringt Frau Eisler einen kleinen Tannenbaum mit in die Schule. Keinen abgesägten aus dem Wald. Nein, der Baum steht in einem großen Tontopf. Frau Eisler stellt ihn auf den Tisch, gleich neben der Tafel.
Die Kinder malen Sterne und Engel, schneiden sie aus und hängen sie an den Baum. Frau Eisler macht ein paar Kerzenhalter an den Ästen fest, stellt Kerzen hinein und zündet sie an. Dann singen sie alle:
»Oh Tannenbaum, oh Tannenbaum . . .«
Am Ende der Stunde sagt Frau Eisler:
»Unser Bäumchen ist wirklich schön geworden. Jetzt fehlt nur noch ein

Weihnachtsengel auf der Spitze. Wie wäre es, wenn jedes Kind bis morgen einen bastelt: Dann soll der schönste Engel unser Bäumchen schmücken.«

Die meisten Kinder finden das eine prima Hausaufgabe und geben sich viel Mühe beim Basteln. Manche arbeiten den ganzen Nachmittag, weil ihr Engel unbedingt der schönste werden soll.

Am nächsten Morgen ist die Spannung natürlich groß. Schon auf dem Weg zur Schule und auf dem Pausenhof werden die Engel kritisch betrachtet.

»Mann, oh Mann!«, seufzt Linus, als er die schönen Engel sieht. Er zerknüllt seinen und wirft ihn in den Abfalleimer. Jana und Alex machen es ebenso.

»Spinnt ihr?«, ruft Anne. »Warum schmeißt ihr denn eure Engel weg?«

»Dreimal darfst du raten?«, antwortet Linus mürrisch.

Auch im Klassenzimmer gibt es nur ein Thema: Welcher ist der schönste Engel?

»Der ist toll!«, ruft Nina begeistert, als sie

Selinas goldenen Engel sieht. Auch Lukas' Engel gefällt den meisten Kindern sehr. Er ist aus echtem Samt gemacht und schimmert grünlich. Nur die Engel von Sascha und Ann-Kathrin hat noch niemand gesehen.
»Ich zeige meinen Engel nur Frau Eisler«, sagt Sascha.
Ann-Kathrin nickt. »Ich auch.«
»Ihr seid ja doof!«, sagt Anne.
In diesem Augenblick kommt Frau Eisler herein. Sie begrüßt die Kinder und geht sofort durch die Reihen. »Sehr schön« murmelt sie und »Mhm« und »Alle Achtung«.
Jetzt stellt auch Ann-Kathrin ihren Engel auf den Tisch. Er ist lange nicht so schön wie die Engel von Selina und Lukas.
Sascha macht es besonders spannend.
Erst als Frau Eisler neben ihm steht, hebt er den Deckel seiner Schachtel, greift hinein und zieht den Engel langsam heraus.

»Oh, ist der schön!«, sagt Frau Eisler.
Auch die Kinder staunen, denn Saschas Engel ist wirklich wunderschön.
»Hast du den selber gemacht?«, fragt Frau Eisler.
Sascha nickt. »Nur meine Mama hat mir ein bisschen dabei geholfen.«
»Den hat er nie im Leben selbst gemacht«, flüstert Anne ihrer Freundin Selina ins Ohr. »Der ist bestimmt gekauft.«
Selina zuckt mit den Schultern. »Ich weiß nicht.«
»Klar«, sagt Anne. »Und wir kriegen auch raus, wo!«

Frau Eisler klatscht in die Hände. »Also ich meine, Saschas Engel ist der schönste von allen. Was meint ihr?«
Die Kinder sind der gleichen Meinung und Sascha darf seinen Engel auf die Spitze des Tannenbaums setzen. Frau Eisler zündet die Kerzen wieder an. Die Kinder singen »Alle Jahre wieder«. Nur Anne und Selina singen nicht mit.
In der kleinen Pause geht Anne zu Sascha und sagt: »Den Engel hast du doch gekauft, gib's zu!«
»Hab ich nicht«, behauptet Sascha.
»Hast du doch!«
»Pah!«, macht Sascha und schubst Anne weg. »Du bist ja bloß neidisch, weil dein Engel nicht da oben sitzt«, sagt er und zeigt zur Baumspitze.
»Und du bist ein ganz blöder Angeber!«, ruft Anne.

»Bäh!«, macht Sascha und streckt Anne die Zunge raus.
Anne will sich auf Sascha stürzen, so wütend ist sie. Aber Selina kann sie gerade noch zurückhalten.
»Warte nur!«, ruft Anne Sascha zu.
Am liebsten würde sie sofort in die Stadt laufen, um Sascha zu überführen. Doch damit muss sie bis zum Schulschluss warten.
»Komm mit!«, sagt sie dann zu Selina.
»Wohin?«
»Ich will wissen, wo der Angeber den Engel gekauft hat«, antwortet Anne.
»Ich muss aber nach Hause.«
»Dann geh ich eben allein«, brummt Anne.
Selina zögert kurz – dann geht sie mit.
»Wir müssen nur einen kleinen Umweg machen«, sagt Anne. »Sascha hat den Engel bestimmt im Geschenkladen gekauft. Oder im Schreibwarengeschäft. Da gibt's

nämlich auch Weihnachtssachen. Letzte Woche war ich mit meiner Mama da.«
Die beiden laufen, dass ihre Schulranzen auf den Rücken bei jedem Schritt hüpfen. Und es dauert nicht lange, bis sie vor dem Geschenkladen stehen.
»Los, komm!«, sagt Anne.
Als sie die Tür öffnet, bimmelt ein Glöckchen und gleich darauf kommt die Verkäuferin aus dem Nebenraum. »Hallo!«, begrüßt sie die beiden Mädchen. »Was möchtet ihr denn?«
»Wir . . . wir . . . suchen einen Engel . . . für den Christbaum«, stottert Anne.
»Einen für die Spitze«, ergänzt Selina.
»Momentchen«, sagt die Verkäuferin, geht zu einem Regal, nimmt drei Schachteln heraus und stellt sie auf den Ladentisch.
»Mal sehen, ob euch einer von denen gefällt.«

Sie öffnet die erste Schachtel; ein goldener Engel liegt darin.
Anne schüttelt den Kopf.
In der zweiten Schachtel liegt ein Porzellanengel.
»Der ist es auch nicht«, sagt Selina.
»Sucht ihr einen bestimmten Engel?«, fragt die Verkäuferin.
Anne und Selina nickten.
»Und wie soll der aussehen?«
»Wie selber gebastelt, nur viel schöner«, antwortet Anne.
»Momentchen.«
Die Verkäuferin geht wieder zum Regal und holt eine vierte Schachtel. »Dann könnte dieser hier genau der richtige sein.« Sie hebt den Deckel.
»Das ist er!«, ruft Anne. »Siehst du, ich hab's ja gleich gesagt.«
»So ein gemeiner Kerl«, murmelt Selina.

Die Verkäuferin guckt die beiden Mädchen verwundert an.
»Ich . . . äh . . . ich verstehe nicht. Was ist denn los?«
Anne und Selina erklären ihr die ganze Sache.
»Das ist wirklich fies«, sagt sie. »Und was wollt ihr jetzt tun?«
Selina und Anne schauen sich an.
»Am besten wäre es, wenn wir den Engel mitnehmen könnten«, meint Anne. »Dann würden alle sehen, dass es genau der gleiche ist wie der von Sascha.«
Die Verkäuferin runzelt die Stirn und zupft an ihrer Unterlippe. »Hm«, macht sie.
»Normalerweise verleihe ich ja nichts. Aber in eurem Fall will ich mal eine Ausnahme machen.«
»Danke!«, sagt Selina.
»Ihr müsst natürlich gut auf den Engel

aufpassen, damit ihm nichts passiert. Sonst müsst ihr ihn bezahlen.«

»Was kostet er denn?«

»Zwölf Euro neunzig.«

»So viel«, rutscht es Anne heraus.

»Tja, so schöne Weihnachtsengel sind nicht ganz billig«, sagt die Verkäuferin. »Aber wenn ihm nichts passiert und ihr ihn morgen wieder zurückbringt, kostet er ja nichts.« Sie packt die Schachtel mit dem Engel in eine Tüte und gibt sie Anne.

Die Mädchen bedanken sich und verlassen den Laden.

Draußen sagt Anne: »Ich freu mich jetzt schon auf das dumme Gesicht von Sascha, wenn er den Engel doppelt sieht.«

Am nächsten Morgen sind Anne und Selina früher in der Schule als sonst. Sie schleichen ins Klassenzimmer und stellen den zweiten Engel so auf den Ast, dass er genau unter dem ersten Engel steht. Dann laufen sie zum Lehrerzimmer und bitten Frau Eisler, die Klassenzimmertür abzuschließen.
»Warum das denn?«, will die Lehrerin wissen.
»Wir haben eine Überraschung vorbereitet – für alle«, antwortet Anne.
Frau Eisler gibt Anne den Schlüssel. »Aber bring ihn mir bitte gleich wieder zurück!«
Als ein paar Minuten später die ersten Schüler eintrudeln, wundern sie sich über die verschlossene Tür. Lukas läuft zum Lehrerzimmer und will von Frau Eisler den Schlüssel holen, kommt aber ohne ihn zurück.

»Da drin ist ein Geheimnis«, erklärt er den anderen.
»Was für ein Geheimnis?«, fragt Jasper.
Lukas tippt sich an die Stirn. »Das hat sie nicht gesagt, du Knalltüte. Sonst wäre es ja kein Geheimnis mehr.«
»Selber Knalltüte!«, sagt Jasper.
»Sei bloß vorsichtig, du!«, droht Lukas.
»Sonst . . .« Er zeigt Jasper die geballte Faust.
Bevor die beiden weiterstreiten können, kommt Frau Eisler. »Jetzt bin ich aber wirklich gespannt, was das für eine Überraschung ist.«
»Wissen Sie es denn nicht?«, fragt Lukas erstaunt.
Frau Eisler schüttelt den Kopf. »Ich bin genauso ahnungslos wie ihr.«
Sie schließt die Tür auf, öffnet sie und schaut ins Zimmer.

Hinter ihr drängeln die neugierigen Kinder.
»Also bis jetzt sehe ich nichts«, sagt Frau Eisler und macht die Tür frei.
Die Kinder stürmen ins Zimmer und suchen nach der Überraschung.
»Da!«, ruft plötzlich ein Mädchen. »Da sind ja zwei Engel!«
Alle Köpfe fliegen herum, alle Augen schauen zum Tannenbaum.
»Aber . . . wie ist . . . Das kann . . .«, stammelt Frau Eisler und tritt näher an den Baum. »Das kann doch nicht sein!«

2A

»Hat Sascha noch einen Engel gebastelt?«, fragt Jasmin.
»Der hat überhaupt keinen Engel gebastelt!«, ruft Anne. »Der hat gelogen. Den Engel hat er im Geschenkladen gekauft!«
Nun schauen alle zu Sascha. Der ist ziemlich blass geworden und steht mit hängenden Schultern zwischen den Kindern.
»Stimmt das?«, fragt Frau Eisler.
Sascha nickt nur.
Frau Eisler kann es nicht fassen. »Also so was«, murmelt sie und schüttelt den Kopf.
Die Kinder fangen an zu tuscheln.
»Setzt euch bitte!«, sagt Frau Eisler. Dann nimmt sie Saschas Engel vom Baum und stellt ihn wortlos vor Sascha hin. Den zweiten Engel bringt sie Anne und Selina.
»Der gehört euch, wenn ich mich nicht irre.«

Anne und Selina sagen nichts. Auch die anderen Kinder sind mucksmäuschenstill. Frau Eisler geht langsam nach vorn zur Tafel. Dann schaut sie in die Klasse und scheint dabei zu überlegen. Endlich sagt sie: »Alle Kinder, die ihren Engel selbst gebastelt haben, bringen ihn morgen bitte mit. Dann setzen wir jeden Tag einen anderen Engel auf die Spitze unseres Baumes.«

Damit ist die Sache entschieden, aber erledigt ist sie noch lange nicht.

Als Papa noch ein Junge war

Vanessa mag die Adventszeit sehr. Nicht nur weil dann der Nikolaus kommt und bald Weihnachten ist; sie mag diese Zeit auch deswegen, weil es so früh dunkel wird. Dann kann ihr Papa nämlich nicht so lange draußen arbeiten. Und wenn es draußen richtig dunkel und kalt ist, ist es im mollig warmen Wohnzimmer doppelt gemütlich. Am schönsten im Advent ist für Vanessa, dass ihr Papa Zeit hat zum Spielen, Vorlesen und Erzählen.

Jetzt sitzt Papa auf dem Sofa und liest die Zeitung. Vanessa schleicht sich leise an und kitzelt ihn an den Zehen.

»Huch!«, ruft Papa und lässt die Zeitung fallen.

Vanessa will sie schnell wegnehmen.
»Halt!« Papa hält die Zeitung fest. »Ich muss den Artikel noch fertig lesen. Sonst weiß ich nachher nicht mehr, was ich gelesen habe.«
»Wenn du das so schnell wieder vergisst, brauchst du es doch gar nicht erst zu lesen«, meint Vanessa.
»Aber . . . ich . . . ich . . .«, stammelt Papa.
Vanessa kuschelt sich an ihn. »Erzähl mir lieber eine Geschichte! Eine schöne, von Weihnachten, als du noch klein warst. Die höre ich am liebsten.«
»Von Weihnachten, als ich noch klein war«, murmelt Papa und denkt nach. Da knurrt sein Magen plötzlich so laut, dass Vanessa richtig erschrickt.
»Hast du einen Löwen im Bauch?«, fragt sie.
»Hört sich fast so an«, sagt Papa und schmunzelt. »Nein, einen Löwen hab ich nicht im Bauch, aber einen Bärenhunger.

Und dazu fällt mir auch eine Geschichte ein, eine ganz besondere Weihnachtsgeschichte.«

»Au ja«, sagt Vanessa und kuschelt sich noch enger an Papa.

»Als ich ein kleiner Junge war, hat mein Magen oft geknurrt wie ein Löwe«, beginnt Papa. »Ich war damals oft hungrig. Meine Eltern hatten nämlich nicht viel Geld und mussten sogar am Essen sparen. Mittags gab es oft Eintopf, Pfannkuchen oder Grießbrei.« Papa schüttelt sich. »Grießbrei war am schlimmsten. Davon habe ich keine drei Löffel voll runtergebracht.«

»Ich mag Grießbrei«, sagt Vanessa. »Mit Zimt und Zucker schmeckt er prima.«

»Ich mag ihn heute noch nicht und als Kind mochte ich ihn noch viel weniger. Da war mir Fleisch mit Nudeln hundertmal lieber. Aber Fleisch gab es bei uns nur ganz selten. Eigentlich nur am Sonntag. Und an den Feiertagen. Was das für Fleisch war, habe ich nicht gewusst. Bis mir an einem Heiligen Abend ein schlimmer Verdacht kam.«

»Was für ein Verdacht?«, fragt Vanessa dazwischen.

»Ich habe dir doch schon erzählt, dass wir

im Schuppen hinter dem Haus einen großen Hasenstall hatten. Darin waren meistens zwischen fünfzehn und zwanzig Hasen. Schon als kleiner Junge habe ich meinem Vater beim Füttern geholfen und dabei versucht, die Hasen zu streicheln. Aber die meisten wollten sich nicht streicheln lassen. Manche haben mich sogar gekratzt oder gebissen. Nur ein kleines Häschen ließ sich gern streicheln. Manchmal kam es gleich ans Gitter gehoppelt, wenn es mich sah.

Ich taufte das Häschen Hopsi, nahm es oft aus dem Stall und spielte mit ihm. Für Hopsi suchte ich die saftigsten Löwenzahnblätter. Aus unserem Gemüsegarten brachte ich ihm heimlich Möhren und Salatblätter. Und im Nachbargarten mopste ich Äpfel und Birnen für meinen Hopsi.
So wuchs und gedieh er prächtig. Bis zum Winter war Hopsi der schönste und größte Hase im Stall.
Doch als ich ihm am Heiligen Abend eine besonders große Möhre bringen wollte, war Hopsi verschwunden. Ich lief zu meinem Vater und fragte ihn, wo Hopsi sei.
›Der ist mir heute beim Füttern entwischt‹, antwortete mein Vater. ›Kaum hatte ich das Türchen geöffnet, sprang er mit einem Satz heraus und hoppelte aus dem Schuppen. Ich wollte ihn noch fangen, aber er war zu schnell für mich.‹

Da war ich natürlich sehr traurig. Ich habe lange geweint und nach Hopsi gesucht und mich überhaupt nicht mehr auf Weihnachten gefreut.«
»Es war aber auch schlimm, dass dein Vater Hopsi entwischen ließ«, sagt Vanessa. »Da wäre ich auch traurig gewesen.«
Papa nickt. »Aber an diesem Heiligen Abend kam es noch viel schlimmer. Vor der Bescherung gab es bei uns immer ein Festessen, auf das wir uns alle sehr freuten. Nur mir war diesmal der Appetit vergangen, weil ich so traurig war. Ich saß vor meinem Teller und brachte keinen Bissen hinunter.
›Warum isst du denn nichts?‹, fragte meine Schwester. ›Hasenbraten schmeckt doch . . .‹
›Bist du still!‹, zischte meine Mutter.
Hasenbraten? Ich sah das Fleisch auf

meinem Teller, sah das viele Fleisch in der Schüssel und plötzlich ahnte ich, was das für Fleisch war.«

Vanessa atmete kaum noch. »War das . . .«

Sie traut sich fast nicht den Gedanken auszusprechen. »War das Hopsi?«

Papa nickt.
»Das war aber gemein!«, platzt Vanessa heraus.
Papa streicht Vanessa über den Kopf.
»Damals habe ich das auch gedacht. Aber heute weiß ich, dass es nicht gemein war. Wir hielten die Hasen ja nicht als Kuscheltiere, sondern damit wenigstens an den Feiertagen ordentlich Fleisch auf den Tisch kam. Dafür wurden sie gefüttert und der fetteste Hase wurde dann geschlachtet.
Bis zu jenem Heiligen Abend habe ich das nicht gewusst. Ich hatte mir auch keine Gedanken darüber gemacht. Hauptsache, das Fleisch war da. Erst als ich den schlimmen Verdacht hatte, dass ein Stück von Hopsi auf meinem Teller lag, wurde das anders.
Ich wollte nichts mehr essen, ich wollte

keine Geschenke, ich wollte niemanden mehr sehen. Es war der schlimmste Heilige Abend meines Lebens. Und von dem Tag an habe ich keinen Hasenbraten mehr gegessen.«

Ein richtiger Weihnachtsmann

Am Nachmittag kommt Sophie zu Besuch, um mit Johanna zu spielen. An dem runden Tisch im Kinderzimmer sitzt Johannas jüngerer Bruder Tobias und kritzelt auf einem Blatt Papier herum. Kritzeln ist eigentlich nicht der richtige Ausdruck, denn Tobias bemüht sich sehr. Nach knapp vier Monaten Schule sind seine Buchstaben eben noch ziemlich wackelig. Trotzdem ist Tobias stolz darauf, dass er dem Weihnachtsmann zum ersten Mal selbst einen Brief schreiben kann.
Sophie schaut Tobias über die Schulter und liest: »Lieber Weihnachtsmann!« Sie guckt

Johanna an und kichert. »Der schreibt noch an den Weihnachtsmann.«
Tobias verdeckt den Brief mit den Händen. »Das geht dich gar nichts an!«
»Glaubst du echt noch an den Weihnachtsmann?«, fragt Sophie.
Auf so eine blöde Frage antwortet Tobias nicht.
»Soll ich dir mal was verraten? Es gibt gar keinen richtigen Weihnachtsmann. Es gibt nur viele falsche Weihnachtsmänner, und das sind die verkleideten Väter.«
»Du spinnst!«, ruft Tobias. »Den Weihnachtsmann gibt's, er bringt ja die Geschenke.«
Sophie verdreht die Augen. »Der glaubt wirklich noch an dieses Märchen.«
Johanna weiß nicht recht, was sie sagen soll. Auch sie hat dem Weihnachtsmann wie jedes Jahr einen Brief mit ihren

Wünschen geschrieben. Doch das will sie jetzt nicht zugeben. Vor ihrer Freundin möchte sie schließlich nicht als dummes kleines Mädchen dastehen.

Sophie redet einfach weiter. »Die Eltern kaufen die Geschenke und verstecken sie irgendwo. Dann verkleiden sich die Väter und tun so, als bringen sie die Geschenke direkt aus dem Himmel. Das weiß doch . . .«

»Halt den Mund!«, schreit Tobias und läuft mit seinem Brief aus dem Zimmer. Im Flur rennt er beinahe Mama um.

»Hoppla!«, sagt sie. »Du hast es aber eilig.«

»Sophie ist blöd!«, brummt Tobias.

»So?«

»Ja. Sie hat nämlich gesagt . . .« Tobias schaut zurück zur Kinderzimmertür, dann redet er leise weiter. »Sie hat gesagt, es gibt gar keinen Weihnachtsmann.«

»Ach.« Mehr fällt Mama im ersten Augenblick dazu nicht ein.
»Ja, und die Väter verkleiden sich als Weihnachtsmann und bringen die Geschenke. Aber das stimmt doch gar nicht!«
Obwohl Tobias keine Frage gestellt hat, schaut er seine Mama erwartungsvoll an.
»Sophie redet öfter dummes Zeug«, sagt Mama.
Das meint Tobias auch. »Sonst würden ja alle Kinder keine Geschenke bekommen, die keinen Vater haben.« Und sein Freund Oliver bekommt sogar viele Geschenke, obwohl sein Vater schon vor drei Jahren gestorben ist. Das weiß Tobias ganz genau.
Mama nimmt Tobias auf den Arm. »Weißt du, mein Kleiner, manche Kinder denken, sie seien besonders klug und wüssten schon alles ganz genau. Aber nicht einmal

die Großen wissen alles. Und das ist auch gut so. Denn sonst gäbe es ja gar keine Geheimnisse mehr. Und ohne Geheimnisse wäre das Leben lange nicht so spannend, aufregend und schön.«
Tobias nickt. »Ich bin schon so gespannt, ob der Weihnachtsmann mir eine Rennbahn bringt.«
Mama zieht die Augenbrauen hoch und schmunzelt. »Tja, das weiß ich natürlich auch nicht. Da musst du dich noch ein Weilchen gedulden.« Sie gibt Tobias einen Kuss, stellt ihn auf den Boden und geht in ihr Arbeitszimmer.
Tobias trottet hinter ihr her und fragt: »Was machst du?«
»Ich muss die Diktate meiner Klasse korrigieren.«
Tobias weiß, dass Mama beim Korrigieren Ruhe braucht.

Trotzdem möchte er gern bei ihr bleiben.
Deswegen sagt er: »Dann schreibe ich hier meinen Brief an den Weihnachtsmann fertig.«
Mama guckt nicht gerade begeistert.
»Ich bin auch ganz leise und störe dich bestimmt nicht«, verspricht Tobias.
Er setzt sich an den kleinen Schreibmaschinentisch und schiebt die Schreibmaschine ein wenig zur Seite. Dann liest er, was er bisher geschrieben hat:

Liber Weinachsman
bring mir bite 1 Rennbann
und 2 Auto
das ist mein krester wunsh

Während Tobias überlegt, wie er weiterschreiben soll, sieht er auf Mamas Schreibtisch ein Foto von Papa. Da fällt ihm

plötzlich etwas ein. »Mama, wo sind die Fotos . . .?«
»Du wolltest mich doch nicht stören«, unterbricht sie ihn.
»Aber es ist total wichtig«, behauptet Tobias.
»Ich brauche die Fotos vom letzten Winter.«
»Wozu?«, möchte Mama wissen.
»Das sag ich dir gleich.«
Mama merkt, dass es für Tobias wirklich wichtig ist, und holt das Fotoalbum. Er blättert es hastig durch.
»Da ist es!«, ruft Tobias und nimmt ein Foto aus dem Album, das ihn, Johanna und Papa zeigt – zusammen mit dem Weihnachtsmann!
Tobias läuft ins Kinderzimmer und hält Sophie das Foto vor die Nase.
»Was soll das?«, fragt Sophie unwirsch.
»Wer ist das?« Tobias zeigt mit dem Finger auf Papa.

»He, spinnst du?«
»Sag, wer das ist!«
»Euer Papa.« Sophie guckt Johanna an, als habe Tobias nicht alle Tassen im Schrank.
»Und wer ist das?« Tobias' Finger tippt auf den Bart vom Weihnachtsmann.
»Du nervst allmählich!« Sophie schubst Tobias weg.
»Du sollst sagen, wer das ist!« Tobias lässt nicht locker.
Sophie verdreht die Augen. »Dein lieber Weihnachtsmann! Und jetzt lass mich mit dem Kinderkram in Ruhe!«
Aber Tobias ist noch nicht fertig. »Wie kann unser Papa der verkleidete Weihnachtsmann sein, wenn er mit uns vor dem Weihnachtsmann sitzt?«
»Weiß ich doch nicht.«
»Weil du dumm bist!«, ruft Tobias. Und jetzt ist er nicht mehr zu bremsen. »Du hast

gesagt, es gibt gar keinen richtigen Weihnachtsmann. Und die Väter verkleiden sich nur. Aber das ist gelogen! Hier siehst du es. Das ist unser Papa und das ist der Weihnachtsmann mit den Geschenken. Dass du es weißt!«
Johanna schaut Sophie an. Dann sagt sie leise: »Da hat Tobias recht, das musst du zugeben.«
»Zu mir kommt jedenfalls mein Papa als verkleideter Weihnachtsmann«, sagt Sophie. »Letztes Jahr hab ich ihn nämlich erkannt. Aber vielleicht . . .« Sophie zögerte.
». . .vielleicht kommt zu euch ja der richtige Weihnachtsmann«, murmelt sie.
Tobias nickt. »Sag ich doch die ganze Zeit.«

Martins größter Wunsch

Martin hat nur einen Wunsch: Er möchte einen Hund. Nicht irgendeinen Hund natürlich. Keinen Dackel, keinen Spitz, keinen Pudel, auch keinen Schäferhund und keinen Boxer und schon gar keinen Kampfhund. Nein, er möchte einen Hirtenhund.
»Dann schreib den Wunsch auf deinen Wunschzettel!«, sagt Mama.
»Ich brauche keinen Wunschzettel«, entgegnet Martin. »Weil ich mir nur den Hund wünsche, sonst nichts.«
»Sonst nichts?«, fragt Mama verwundert.
»Nö, sonst nichts.«
»Hm«, macht Mama. »Ich würde lieber

noch ein paar andere Wünsche aufschreiben, damit das Christkind daraus auswählen kann, was es dir bringen möchte.«

»Es soll nicht auswählen«, brummt Martin, »es soll mir nur einen Hund bringen.«

Mama schaut Martin nachdenklich an. »Tja, wenn du meinst.«

Als Mama draußen ist, setzt Martin sich an den Tisch, nimmt ein Blatt Papier und malt seinen Wunschhund. Er gibt sich sehr viel Mühe und der Hund wird wirklich schön.

Martin bringt das Bild seinen Eltern. »So einen Hund möchte ich, sonst nichts.«
»Soso«, sagt Papa. »Na ja, mal sehen.«
Mama räuspert sich.
»Ob das Christkind so einen Hund hat, weiß natürlich niemand«, murmelt Papa.
»Aber Tina hat einen«, sagt Martin jetzt.
»Und der hat vor drei Wochen Junge bekommen und ich darf mir das schönste aussuchen, hat Tina gesagt.«
»Aha.« Mehr bringt Papa nicht heraus.
»Das hast du dir ja fein ausgedacht«, sagt Mama. »Aber so einfach geht das nicht. Du kannst dem Christkind doch nicht befehlen, was es dir bringen soll.«
»Ich sage ja nur, was ich mir wünsche«, verteidigt sich Martin. »Und das darf ich ja wohl.«
»Wünschen darfst du dir natürlich alles«, sagt Papa, »das ist klar. Aber welche

Wünsche an Weihnachten in Erfüllung gehen, das weiß man vorher nie.«
»Ich hab ja nur einen Wunsch.«
Mama will etwas sagen, aber Papa legt ihr die Hand auf den Arm. »Am Heiligen Abend werden wir schon sehen, was das Christkind bringt.«

In den nächsten Tagen malt Martin noch mehr Hunde.
Ein Bild klebt er an die Schlafzimmertür der Eltern, eines an die Wohnzimmertür und eines legt er ins Auto, damit Mama und Papa immer wieder an seinen Wunsch erinnert werden.
Jeden Tag geht Martin zu Tina, um sich die kleinen Hunde anzusehen.
Zwei findet er besonders drollig.
»Welchen möchtest du denn?«, fragt Tina.
»Am liebsten beide«, antwortet Martin.

»Das geht nicht«, sagt Tina. »Du bekommst nur einen.«
Martin seufzt. Dann greift er nach einem der Hundeknäuel und streichelt es zärtlich.
»Der ist so süß«, sagt er.
»Der aber auch«, meint Tina und knuddelt einen anderen.
»Eben«, sagt Martin. »Deswegen kann ich mich ja nicht entscheiden.«
»Aber du musst dich entscheiden, weil morgen meine Tante kommt und einen mitnimmt.«
»Hm«, macht Martin. Er überlegt noch eine Weile, setzt die drei Welpen nacheinander auf seinen Schoss und betrachtet sie genau.
»Den möchte ich«, sagt er schließlich und zeigt auf den kleinsten. »Er soll Schorschi heißen. Den darfst du nicht hergeben, bis meine Eltern ihn abholen.«
Tina nickt.

Weihnachten rückt näher. Aber jedes Mal wenn Martin Tina besucht, ist Schorschi noch da. Müssten Mama und Papa ihn nicht längst abgeholt haben? Langsam wird Martin unruhig.
»Deine Eltern können Schorschi doch jetzt noch nicht mitnehmen«, sagt Tina. »Sonst müssten sie ihn ja bei euch zu Hause vor dir verstecken.«
Das leuchtet Martin ein. Und er macht sich darüber keine Gedanken mehr.
An den nächsten Tagen arbeitet Martin oft in Papas Werkstatt.
Zuerst zersägt er ein paar lange Bretter. Dann nagelt er die kurzen Stücke zusammen.
»Was soll das denn werden?«, fragt Papa neugierig.
»Verrat ich nicht.«
»Ach so, das ist geheim«, sagt Papa und schmunzelt, weil er glaubt, Martin bastle ein

Geschenk für ihn oder Mama. »Na, dann will ich dich nicht stören.«
Martin bastelt kein Geschenk für Mama oder Papa. Er baut eine Hütte für Schorschi. Am Tag vor Heiligabend wird sie fertig.
Die Hütte ist zwar ein wenig schief geraten, aber sonst ist sie sehr schön. Über den Eingang hat Martin in großen Buchstaben SCHORSCHI geschrieben. Martin trägt die Hütte in sein Zimmer und stellt sie neben sein Bett.
»Was ist denn das?«, fragt Mama am Abend, als sie Martin ins Bett bringt.
»Eine Hütte für Schorschi«, antwortet Martin.
»Und wer ist Schorschi?«
Martin ist sicher, dass Mama genau weiß, wer Schorschi ist, und nur die Ahnungslose spielt, um ihn morgen mit Schorschi

überraschen zu können. Deswegen sagt er jetzt zum Spaß: »Schorschi ist ein Löwe.«
»Ein Löwe?« Mama schaut die Hütte an.
»Und der soll da hineinpassen?«
»Schorschi ist ein kleiner Löwe.«
»Na, dann bin ich ja beruhigt«, sagt Mama.
Sie liest Martin eine Gutenachtgeschichte vor und gibt ihm einen Kuss.
»Jetzt musst du nur noch einmal schlafen, dann ist es so weit.«
Martin nickt. »Ich kann es auch kaum noch erwarten.«
»Das Warten gehört eben zu Weihnachten«,

SCHORSCHI

sagt Mama, löscht das Licht und geht hinaus.
Martin liegt noch eine Weile wach und stellt sich vor, wie schön es sein wird, wenn Schorschi in seiner Hütte neben ihm liegt.
Mit einem angenehmen warmen Gefühl im Bauch schläft er ein.

Als er aufwacht, ist endlich Heiligabend.
Aber bis zur Bescherung dauert es noch sehr lange.
Martin ist sicher, dass sich die Uhrzeiger langsamer bewegen als sonst. Immer wieder schleicht er durchs Haus und lauscht, ob nicht irgendwo ein Bellen oder Fiepen zu hören ist. Doch aus keinem Zimmer dringt ein Laut.
Auch die längsten Stunden des Jahres gehen vorüber und kurz vor fünf erlösen die Eltern Martin von der Warterei.

Wie immer spielt Mama zu Beginn der Bescherung auf dem Klavier »Ihr Kinderlein kommet!«.
Endlich darf Martin das Wohnzimmer betreten. Der Tannenbaum strahlt in festlichem Glanz. Papa steht neben Mama und beide beginnen zu singen. Martin stellt sich zu ihnen und singt mit.
Nachdem sie einige Weihnachtslieder gesungen haben, darf Martin die Geschenke auspacken.
Er fängt mit dem großen Paket an. Ein wunderschöner Stoffhund kommt zum Vorschein. Genau so einer, wie Martin ihn gemalt hat.
»Der kann sogar bellen und Männchen machen«, sagt Papa.
»Und wo ist Schorschi?«, fragt Martin.
»Schorschi?«
Da begreift Martin alles. »Ich will keinen

Stoffhund!«, schreit er, feuert den Hund in die Ecke und rennt hinaus. In seinem Zimmer wirft er sich aufs Bett und heult. Wenig später stehen seine Eltern neben ihm.

»Hör mal, Martin . . .!«, beginnt Papa.

»Ich will meinen Schorschi, sonst nichts«, nuschelt Martin ins Kissen.

Papa setzt sich auf sein Bett und streicht ihm über den Kopf. »Wir haben nicht gedacht, dass dir ein richtiger Hund sooo wichtig ist.«

»Ist er aber«, murmelt Martin.

Papa schaut Mama an und zuckt mit den Schultern. »Dann müssen wir wohl doch noch mal darüber reden.«

Flockis erster Advent

Also, irgendwas stimmt heute wieder mal nicht. Mein Menschenrudel ist so aufgeregt, besonders die Menschenwelpen. Aber auch der Rüde und das Weibchen haben sich anstecken lassen. Hoffentlich sind sie nicht krank!

Ne, krank sehen sie eigentlich nicht aus.

Dafür müssten sie blasser sein.

Ich schnüffele hier, ich schnüffele dort.

Laufe hin und her, beobachte alles. Aber ich krieg einfach nicht raus, was los ist.

Papa-Rüde und Mama-Weibchen flüstern

irgendwas in der Küche. Flüstern finde ich immer sehr interessant. Da schleiche ich mich doch gleich mal an.
Leider verstehe ich nicht, was sie erzählen. Deswegen belle ich beleidigt und Mama sagt: »Psst, Flocki!«
Na gut. In Ordnung. Aber . . . he, was liegt auf dem Küchentisch zwischen Papa und Mama? Das sieht aus wie kleine . . . Waldstücke!
»Die Tannenzweige sind genau richtig. Die mag ich«, sagt Mama. Ach ja, stimmt,

die Waldstücke heißen Tannenzweige. Nur, warum liegen sie auf dem Küchentisch? Kann man die Zweige essen? Die Menschen essen alle möglichen Pflanzen. An Tannenzweigen habe ich sie allerdings noch nie knabbern sehen. Mein Geschmack wären sie nicht.
Vielleicht hat Mama die Zweige schon probiert. Sie meinte eben, dass sie die mag. Übrigens biegen sie jetzt die grünen Dinger irgendwie ineinander und binden sie zusammen. Ich glaub, mit Draht. Ob die so besser schmecken?
Tut mir leid, ich kapier wieder gar nichts. Und jetzt sehe ich auch nichts mehr, weil mir der Papa die Sicht verdeckt. Da werde ich mal schnell die Treppenstufen hochflitzen und gucken, was die kleinen Menschen treiben.
Also, das haut mich um! Vor lauter Staunen

jaule ich los. »Was ist, Flocki?«, will der Kleinste wissen. Der stellt Fragen. Die drei Kinder stehen einfach da und putzen Schuhe! Freiwillig. Das gab's bisher nur an Weihnachten. Und Weihnachten ist heute nicht. Weiß ich genau. Der Kleine putzt ganz eifrig und ernst. Seine Geschwister grinsen dazu.

Sie putzen auch nicht irgendwelche Schuhe. Nur die größten sind dran, Stiefel heißen die. Wo wollen die Kinder hinstiefeln? Draußen ist es dunkel.

Die Stiefel fangen richtig toll zu glänzen an, irgendwie festlich. Dazu singt der Kleinste ein Lied. Na ja, er jault es eher. Und was klingt da so jaulig? Erst mal sind es zwei gleiche Wörter. Die fangen mit »Ad. . .« an. Dahinter kommt was Unverständliches. Dann jault der Kleine von einem Licht, das brennt. Es muss winzig sein, ein

»Lichtlein«. Und irgendwann sollen sogar mehrere brennen. Er singt auch noch, dass jemand vor der Tür steht.

Wie war das – ein Kind steht vor der Tür? Da muss ich sofort nachsehen. Ich renne zur Türe runter und springe sie mit meinen Vorderpfoten auf. Aber da steht gar kein Kind. Draußen gibt's nur jede Menge Wind. Ich belle, damit jemand die Tür wieder schließt. Das schaffe ich nämlich noch nicht allein. Und schon kommt Susanne.

Jaja, ich hab sie gut erzogen, meine Menschenwelpen. Jetzt zieht Susanne die Tür zu und fragt: »Flocki, du bist so unruhig. Was ist los?«

Ich soll unruhig sein? Ich doch nicht. Ihr seid es. Aber so laut ich das auch rausbelle, mich versteht sowieso niemand. Hm . . . in dem Lied eben kam doch was von einem Licht vor. Es hieß, dass es

brennt. Ich hab das Licht bisher nirgends gesehen. In der Küche war keines und bei den Kindern auch nicht.
Na, da rase ich gleich durchs restliche Haus. Ich werde dieses Licht finden und es löschen. Brennendes Licht ohne Aufsicht ist nämlich gefährlich. Weiß ich. Womöglich brennt was an . . . oder ab. Da muss man aufpassen. Und ich kann prima aufpassen.
Ich glaub, in dem Lied wird bloß rumgesponnen. Draußen steht kein Kind. Drinnen brennt kein Licht. Jedenfalls habe ich nirgends eines gefunden. Alles sehr, sehr merkwürdig, wirklich! Zweige in der Küche, die wahrscheinlich Menschengrünfutter sind. Mein Rudel futtert ja zur Zeit sehr »öko-logisch« oder wie das heißt. Geputzte Stiefel. Und ein seltsames Lied.
Halt! Zu den Stiefeln fällt mir was ein. Die Großen putzen manchmal ihre Schuhe,

bevor sie jemanden besuchen. Das heißt, wenn sie Freunde besuchen, tun sie das eigentlich nicht. Die Schuhe werden geputzt, wenn sie zu vornehmeren und fremden Leuten gehen.
Jetzt hab ich's: Die Leute, die sie besuchen wollen, sind ziemlich vornehm. Und wahrscheinlich regnet es stark bei ihnen oder es gibt Hochwasser. Sonst würde mein Rudel keine Stiefel anziehen. Alles klar, ich hab den Durchblick. WAU! Bloß, warum putzen sie die Stiefel für so einen wässrigen Besuch? Die Dinger werden doch dann sofort wieder schmutzig. Na ja, sollen sie tun, wozu sie Lust haben, meine Leute.
Schnell rübergeflitzt. Ich will mal wieder nach den Großmenschen sehen. – So was! Die haben aus den Tannenzweigen inzwischen ein Rad gebastelt. Ganz ehrlich. Kreisrund, das Ding.

Wenn sie sich damit solche Mühe geben, sind die Zweige aber bestimmt nicht zum Essen gedacht. Hm . . . ob das Auto einen Platten hat und sie wollen das Tannenzweigrad als Ersatzrad benutzen? Zuzutrauen wäre es ihnen, bei ihrem Öko-Tick.
Wahrscheinlich ist das also ein Öko-Reifen. Wird am Auto zwar ein bisschen ungewöhnlich aussehen, das grüne Ding.

Aber man gewöhnt sich an alles.
Staunend sitze ich mitten in der Küche. Da steht Papa auf. Er fällt fast über mich und knurrt: »Lieg nicht im Weg, Flocki! Mach Platz!«
Ich geh ja schon. Allerdings hab ich nicht gelegen, Großer, ich hab gesessen. Und du könntest ruhig auch mal Bitte zu mir sagen.
Was macht dieser Menschenrüde mit Haarausfall nun wieder für Blödsinn?

Er holt Kerzen aus dem Küchenschrank. Wieso das? Kerzen benutzen sie an Weihnachten und wenn der Strom ausfällt. Weiß ich genau. Aber der Strom ist nicht ausgefallen. Und Weihnachten ist heute auch nicht.
Nun singt Mama das Lied, das ich vorhin schon gehört habe. Leider verstehe ich vom Anfang wieder nur zweimal »Ad. . .«. Danach kommt das brennende Lichtlein, klar. Plötzlich brennen dann zwei, drei und vier. Und am Schluss singt Mama, genau wie der Kleinste, dass ein Kind vor der Tür steht. Ein Kind mit ein paar Buchstaben davor, irgendwas mit Kr. . .
Vielleicht hat sich das Kind in der Zwischenzeit vor die Tür gestellt? Ich renne noch mal hin. Aber ich höre und rieche nichts durch die geschlossene Tür. Also brauche ich sie diesmal nicht aufzumachen.

Da steht niemand. Das Lied lügt, ganz eindeutig.
Schon wieder passiert was Verrücktes.
Sie stecken die Kerzen in schwarze Ministänder. Danach piksen sie die mitsamt den Kerzen ins grüne Tannenrad. Oha! So können sie das Ding garantiert nicht mehr als Öko-Reifen fürs Auto benutzen.
Im nächsten Moment ruft der Kleine von oben: »Papa! Mama! Kommt mal!« Sofort verschwinden die Eltern. Das passt hervorragend. Ich lege meinen Kopf auf die Tischplatte und gucke mir das Kerzenrad genau an. Dabei denke ich nach.
Hat das womöglich was mit dem Lied zu tun? Moment . . . Wenn eine Kerze brennt, gibt's ein Licht. Na ja, meinetwegen gibt es auch ein »Lichtlein«, obwohl das irgendwie albern klingt. Vier Kerzen stecken im Rad. Aber wenn erst eine brennen soll, dann

stecken im Moment ja drei Kerzen zu viel im Rad, oder?
Das haben wir gleich. Ich lege eine Pfote auf den grünen Ersatzreifen und ziehe mit der Schnauze drei Kerzen raus.

Wohin damit? Ach, ich schieb sie unter den Küchenschrank. Dort rollen sie schön weit nach hinten. Sie sind gut versteckt. Sehr gut sogar.

Also, in dem Lied stimmt wohl doch einiges.

Was das mit dem »Lichtlein« bedeutet, hab ich jedenfalls rausgekriegt. Und was ist mit dem Kind?
Hm . . . ich ahne was. Mensch! Wenn das stimmt! Ich muss noch mal überlegen: Es soll ein Kind auftauchen. Unser Rudel kriegt also irgendwie Zuwachs, so viel ist sicher. Und wenn noch ein Kind auftaucht, aber nicht vor der Tür steht, heißt das vielleicht . . . Mama bekommt noch eines? Dabei haben die Großen erst kürzlich gesagt, dass ihnen drei Kinder völlig reichen. Und recht haben sie! Im Haus ist gar nicht genug Platz für ein viertes Kind. Außerdem müsste ich dann bestimmt auch noch darauf achtgeben. Das schaffe ich nicht, hab schon mehr als genug zu tun. Also, wenn ein neues Kind kommt, gehe ich. Halt! Ich merke gerade, dass ich bei dem komischen Lied was überhört habe.

Da heißt es doch: ». . . ein Lichtlein brennt. Erst eins, dann zwei, dann drei, dann vier, dann steht das Kr. . .kind vor der Tür.« Ha, ich weiß, was ich tu! Ich ziehe einfach auch die letzte Kerze aus dem grünen Tannenreifen. Wenn kein Kerzenlichtlein brennt, kommt nämlich auch kein Kind. Logisch. Und schon kullert die vierte Kerze tief unter den Schrank.

Da höre ich Papa und Mama. Schnell verkrieche ich mich und gleich darauf stehen sie vor dem Tisch. Papa fragt: »Wo sind die Kerzen?« Ich hocke hinter der Tür und sage lieber nichts. Ist wohl besser so. Mama meint: »Vielleicht wollten wir die Kerzen nur holen und haben's nicht getan. Es ist ja heute alles ziemlich hektisch.« Nun suchen sie beide ihre Kerzen. Leider findet Papa auch gleich vier neue. Verflixt!

Die sollen keinen Quatsch machen!

Die Großen verschwinden im Wohnzimmer. Deshalb greif ich mir blitzschnell die vier neuen Kerzen. Schon rollen auch die unter den Küchenschrank.

Zwei Tage liegen die Kerzen jetzt da unten. Es sind sogar noch viel mehr geworden. Gestern hat der Papa nämlich neue gekauft. Die sucht er nun auch ...

Schnell mal hoch zu den Kindern. Also wirklich! Die putzen ihre Stiefel schon wieder. Dazu sagt Susanne: »Jetzt haben wir die Stiefel gebraucht und müssen sie noch mal sauber machen.« Klaus nickt und sagt: »Bloß weil's der Kleine vorgestern nicht mehr abwarten konnte und unbedingt sofort anfangen musste.«
Ihr kleiner Bruder ist ruhig. Als er seine Stiefel fertig hat, nimmt er die von Papa und Mama. Der kann wohl nicht genug kriegen!

Na, bestimmt ziehen sie die Stiefel jetzt gleich an und gehen zu den vornehmen Leuten mit Hochwasser. Aber was ist denn das nun wieder? Sie stellen die glänzenden Dinger paarweise genau neben die Kinderzimmertüren. Papas und Mamas Stiefel kommen vor das Schlafzimmer. Das verstehe ich überhaupt nicht.
Plötzlich zeigt der Kleine auf seine eigenen Stiefel und fragt: »Wann er wohl kommt, der Nikolaus?«
Eben steigen Papa und Mama die Treppe hoch. Sie haben gehört, was der Kleinste gefragt hat. Mama zuckt die Schultern und Papa sagt: »Keine Ahnung, wann er kommt.« Dazu grinsen Klaus und Susanne und ihr kleiner Bruder guckt ängstlich.
Also, ich muss schon wieder nachdenken. Sie warten auf einen Herrn Niko Laus oder wie er heißt. Sie haben keine Ahnung,

wann er kommt. Der Kleine hat Angst vor ihm und die Großen grinsen über ihn. Muss ein komischer Kerl sein, der Herr.
Die Eltern loben ihre Kinder fürs tolle Stiefelputzen und reden weiter von dem fremden Herrn. Dann geht das ganze Menschenrudel nach unten. Ich sehe mich inzwischen mal genauer um. – Wie die Stiefel dastehen! So ordentlich. Als würden sie gar nicht zu meinem Rudel gehören. Irgendwie stört mich das richtig. Das will ich schnell ändern, damit's aussieht wie immer. Ein paar Stiefel schmeiße ich einfach um. Zack! Da liegen sie. Als Nächstes vertausche ich einige. Papa kriegt einen Stiefel von Susanne, Mama einen von Klaus. Und ein Mamastiefel kommt zum Kleinen. Macht Spaß! Jetzt sieht es viel lustiger aus.
So, ich lege mich oben in den Flur.

Von unten höre ich den Fernsehapparat. Sitzen die alle vor dem Kasten? Na ja, wahrscheinlich warten sie auf diesen Herrn. Hm . . . Könnte es etwa sein, dass die sauberen Stiefel was mit ihm zu tun haben? Ich hab noch nie von ihm gehört. Wie hieß er noch? Sein Name klang nach einem kleinen Tier. Mücke? Ne, es war irgendwas mit Laus.

Der besucht uns also bald. Aber warum putzen sie dafür ihre Stiefel? Soll er sie geschenkt bekommen? Vielleicht hat der arme Kerl keine. Oder sammelt er solche Dinger? In allen Größen, in allen Farben? Wer weiß.

Vorhin haben sie jedenfalls gesagt, dass sie keine Ahnung haben, wann der tierische Herr kommt. Aber eins weiß ich: Ab zehn Uhr darf er nicht mehr stören, denn mein Rudel braucht seinen Schlaf.

Und außerdem hat der Kleinste Angst vor ihm. Am besten wär's, wenn ich den Herrn überhaupt nicht reinlassen würde. Egal, wann er kommt. Wau! So mache ich das.

Papa rennt mal wieder die Stufen hoch.
Er murmelt: »Verflixt, wo stecken die neuen Kerzen diesmal?« Tja, Großer, das wird nicht verraten.
Ich gehe an ihm vorbei, die Treppe runter. Und was sehe ich jetzt im Fernsehen? Da singen sie auch dieses Lied.
Diesmal verstehe ich's endlich richtig:
»Advent, Advent, ein Lichtlein brennt. Erst eins, dann zwei, dann drei, dann vier, dann . . .«
Nein! Bloß nicht. Wir brauchen kein neues Kind, das hab ich schon mal gesagt. Ich renne zum Fernsehapparat und belle ihn warnend an.

»Flocki! Spinnst du?«, schimpft Susanne.
Ne, ich nicht, belle ich. Aber mich versteht ja keiner. Leider. Deswegen belle ich einfach weiter.
Ich bin richtig gut in Form, merke ich. Dass der Herr mit dem tierischen Namen draußen bleibt, ist sowieso klar. Ich meine den Stiefelsammler. Den werde ich scheuchen. Und auch ein neues Kind gibt's nicht. Die vier Lichtlein werden nicht brennen, dafür sorge ich! Wetten?

Alles streng geheim!

Katharina, Jonas und Flori sitzen bei Katharina im Zimmer. Alles ist streng geheim. Und damit Mama nichts von all dem bemerkt, haben sie sich eingeschlossen. Sicherheitshalber.
Heute wollen sie nämlich das Weihnachtsgeschenk für Papa und Mama basteln. Papa und Mama werden Augen machen, wenn sie erst sehen, was es ist.
Katharina freut sich. »Eine Wohnzimmerlampe, die immer bunt leuchtet, hatten sie noch nie.« Sie nimmt einen Papierschnipsel und malt ihn rot an.
»Nur schade, dass es noch so lange dauert, bis es Weihnachten ist«, überlegt Jonas.

Flori heult los. »Ich hab doch von der Lampe überhaupt nichts gesagt!«
Katharina verdreht die Augen.
Und Mama ruft von draußen: »Ich komme später wieder!«
Katharina atmet auf. »Gerade noch mal gut gegangen«, murmelt sie.
Flori hört auf zu heulen. Dann malen sie weiter die Papierschnipsel an. In Rot, Grün, Gelb, in Schwarz und in Blau.
»Guck mal!«, sagt Jonas und zeigt seine

Finger, die ebenso bunt sind. Flori lacht. Katharina lacht auch.
Als alle Papierschnipsel bemalt sind, geht Katharina leise zur Tür, horcht. Dann schleicht sie hinaus, die Kellertreppe hinunter.

Zwischen dem alten Gerümpel muss hier noch ein Lampenschirm stehen. Den wollen sie nehmen und mit den Papierschnipseln bekleben.
Katharina sucht. Und sucht. Einmal fällt ein Stuhl um, dem ein Bein fehlt. Kurz darauf geht eine kleine alte Glasschüssel zu Bruch. Vor Schreck steht Katharina ganz still.
Bis Mama von oben ruft: »Was ist da unten los?«
»Weil . . .«, stammelt Katharina. »Es ist nicht Schlimmes. Aber es ist doch geheim.«
Mama sagt etwas, was Katharina nicht ganz versteht. Dann aber entfernen sich ihre Schritte. Katharina atmet auf.
Eilig fegt sie die Scherben zusammen, kippt sie in den Mülleimer, den Papa anscheinend hier vergessen hat. Dann sieht sie sich weiter um. Und endlich

entdeckt sie den Lampenschirm, zieht ihn vorsichtig zwischen den anderen Sachen hervor.
»Nur ein bisschen verbeult ist er«, sagt sie, als sie schließlich wieder bei Flori und Jonas steht.
Sie klopfen den Staub vom Lampenschirm ab.
»Fehlt nur noch der Kleber«, sagt Jonas.
»Ich hole ihn!« Flori springt auf, geht hinaus. Katharina und Jonas hören, wie er zu Mama sagt: »Von mir erfährst du nichts, kein Sterbenswort.« Dann kehrt er mit dem Kleber in der Hand wieder zurück.
Sie machen sich an die Arbeit, kleben sämtliche bemalten Papierschnipsel auf den Lampenschirm. Als sie fertig sind, ist es das allerschönste Geschenke, das sie je gesehen haben.

Darüber können Papa und Mama sich freuen, und ob.

»Und was machen wir jetzt damit?«, fragt Jonas. »Verstecken wir ihn bei dir im Schrank oder hängen wir ihn schon mal auf?«

»Hm.« Sie überlegen alle drei.

»Wenn wir noch Packpapier darum packen, weiß man ja nicht, was es ist«, sagt Katharina. Also hängen sie den Lampenschirm auf. Flori wird vorgeschickt, um Mama abzulenken. »Sie darf auf keinen Fall ins Wohnzimmer kommen«, schärfen Katharina und Jonas ihm ein.

Flori nickt. Er geht zu Mama und redet mal ein bisschen mit ihr.
Katharina und Jonas huschen durch den Flur ins Wohnzimmer hinüber.
»Wir brauchen eine Leiter«, sagt Jonas.
Aber eine Leiter haben sie nicht.
»Dann nehmen wir eben den Tisch und einen Stuhl.« Katharina schiebt den Tisch unter die Wohnzimmerlampe und stellt einen Stuhl darauf. Jonas hält fest.
Komisch sieht alles von hier oben aus, denkt Katharina, als sie schließlich auf dem Stuhl steht. Sie muss aufpassen, dass ihr nicht schwindelig wird.
Gerade will Jonas ihr den Lampenschirm reichen, da klingelt das Telefon.
»Schnell!«, drängt Katharina. »Geh ran! Sonst steht Mama gleich in der Tür.«
Jonas lässt den Stuhl, auf dem Katharina steht, los.

Er nimmt den Hörer ab, meldet sich und sagt: »Nein, tut mir leid, die ist vorübergehend nicht zu sprechen.« Er nickt, dann legt er wieder auf.
»Kinder!«, ruft Mama in diesem Moment aus dem Flur. »Hat da nicht gerade das Telefon geklingelt?«
»Nicht die Spur«, erwidert Katharina hastig und vergisst fast, dass sie hoch oben auf dem Stuhl steht, den niemand festhält.
»Aber du musst draußen bleiben und darfst auch nicht durchs Schlüsselloch gucken.«
»Mama hat es versprochen!«, ruft Flori nun ebenfalls aus dem Flur. »Sie kommt nicht, weil es ja sonst keine Überraschung mehr ist.«
»Trotzdem!«, ruft Mama. »Ins Wohnzimmer muss ich nachher wieder hinein!«
»Aber erst, wenn wir hier fertig sind!«, ruft Jonas.

Mama seufzt. Dann geht sie mit Flori aber anscheinend wieder in die Küche.
Katharina und Jonas beeilen sich. Jonas hält den Stuhl.
Katharina reckt sich, so weit sie kann, versucht, den neuen Lampenschirm am alten zu befestigen.
Aber es klappt nicht. Jedenfalls nicht so, wie Katharina es will.
»Wickle das Kabel doch einfach um das andere herum«, schlägt Jonas schließlich vor.
Katharina versucht es. Und da – die Lampe hängt, so ungefähr wenigstens. Den Rest müssen Papa und Mama dann eben Weihnachten machen.
Eilig packt Katharina Geschenkpapier und Packpapier um die neue Lampe herum.
»Das wär's!«, sagt sie und klettert von Stuhl und Tisch herunter.

»Mit so was rechnen Papa und Mama nie«, sagt Jonas.
»Sowieso.«
Damit es aber ganz bestimmt auch eine Überraschung bleibt, bis es Weihnachten ist, schreiben sie vorsorglich noch ein Schild:

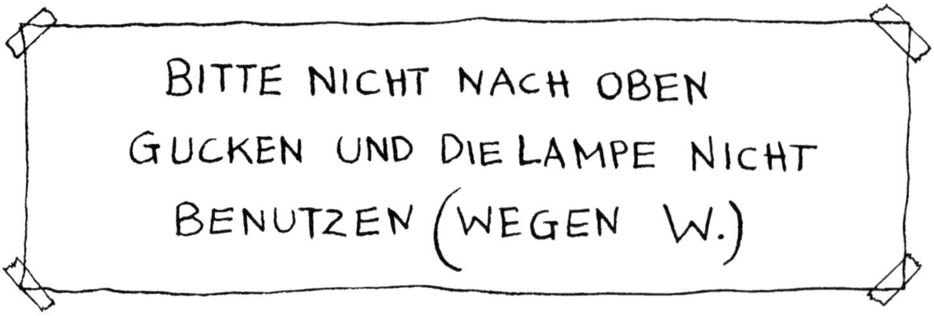

Das Schild kleben sie an die Wohnzimmertür. Dann darf Mama wieder herein. Katharina und Jonas passen auf, dass sie nicht guckt. Flori guckt natürlich sofort, aber er darf das ja auch.
»Man kann nichts mehr erkennen«, sagt er und grinst.

Katharina und Jonas grinsen auch.
Weihnachten ist toll, denkt Katharina. Weihnachten ist das Allertollste. Vor allem dann, wenn Papa und Mama nichts wissen. Sie holt tief Luft und sieht sich noch einmal gut um. Genau genommen, könnten Mama und Papa auch eine neue Stehlampe gebrauchen. Und einen neuen Sessel-überzug. Und einen Zeitungsständer und einen Blumenübertopf und . . .
Katharina stößt Jonas und Flori an.
»Kommt mal mit!«, sagt sie leise. »Ich hab noch eine Idee.«

Der Nikolaus kommt

Sebastian sitzt hellwach im Bett, obwohl es draußen noch stockdunkel ist. Wahrscheinlich ist es mitten in der Nacht, aber schlafen kann Sebastian nicht mehr. Er spitzt die Ohren und lauscht. Vielleicht kann er etwas hören. Weil es in dieser Nacht ja passiert. In dieser Nacht kommt der Nikolaus und füllt alle Stiefel. Mit Schokolade und Nüssen und Marzipankartoffeln und Äpfeln und Printen und Keksen.

Sebastian hat seine Stiefel natürlich auch hingestellt, frisch geputzt und gebürstet. Und er ist pünktlich ins Bett gegangen, sogar fünf Minuten zu früh. Damit der

5

Nikolaus auch wirklich kommt und nicht an seinem Haus vorbeigeht. Sebastian hat mal davon gehört. Dass der Nikolaus so was macht, wenn einer sich nicht benimmt oder frech ist.
Sebastian ist nie frech und benimmt sich auch immer. Fast immer. Sich immer benehmen geht sowieso nicht. Manchmal muss man auch mal frech sein und Sven eine runterhauen, wenn der einem immer alles wegnimmt. Oder heimlich noch im Bett lesen, weil das Buch so spannend ist. Oder vor den Hausaufgaben auf die Wiese gehen, obwohl Mama es nicht direkt erlaubt hat. Aber wenn es draußen gerade so schön ist und alle anderen auch da sind und Fußball spielen …
Sebastian seufzt. Vom Flur hört er keinen Mucks. Aber vielleicht macht der Nikolaus ja auch keine Geräusche. Vielleicht stößt er

auch im Dunkeln nirgendwo an, sondern geht auf leisen Sohlen. Damit niemand ihn hört oder sieht, wenn er kommt.
Sebastian lässt sich in sein Kissen zurückfallen, verschränkt die Arme hinter dem Kopf und überlegt.
Vielleicht war der Nikolaus ja auch noch gar nicht hier und kommt erst in einer Stunde. Nacht ist es dann bestimmt noch immer.
Sebastian guckt, ob die Vorhänge vor seinem Fenster sich nicht ein bisschen bewegen. Aber sie hängen ganz still.
Er würde den Nikolaus ja gern mal sehen, so in echt, aber wahrscheinlich will der das nicht. Sonst käme er ja auch nicht in der Nacht, wenn alle schlafen. Fast alle, denn Sebastian ist ja wach. Sebastian schläft nicht die Spur. Wer weiß, was der Nikolaus mit solchen macht, die mit offenen Augen

daliegen und gucken. Vielleicht legt er denen einfach nichts in ihre Stiefel und geht wieder weg.
Sebastian schluckt. Dabei hat er seine Stiefel so gründlich geputzt. Und gebürstet und alles. Bis sie glänzten und Mama gesagt hat: »Das genügt. Sonst bürstest du noch Löcher hinein.«
Er macht die Augen zu. Am besten schläft er ganz schnell wieder ein. Dann kann der Nikolaus ihn erst gar nicht erwischen. Wie er daliegt und nicht schläft. Und morgen früh ist alles passiert.
Gähnend zieht sich Sebastian die Decke über den Kopf und dreht sich auf die Seite. Er darf einfach nicht mehr an den Nikolaus denken. Er muss die Augen zumachen und nicht wieder öffnen, bevor es Morgen ist. Dann ist es hell und man kann aufstehen und . . .

Sebastian muss mal. Er muss sogar dringend. Aber er kann doch unmöglich jetzt gehen. Ausgerechnet jetzt, wo der Nikolaus vielleicht gerade vor der Tür steht.

Er dreht sich auf die andere Seite und versucht, nicht mehr ans Müssen zu denken. Aber es hilft nicht. Er muss unbedingt und ganz, ganz dringend. Und wenn er nicht sofort geht, macht er bestimmt in die Hose. Und nicht nur in die Hose, sondern auch noch ins Bett. Dabei ist Sebastian längst nicht mehr klein, im Gegenteil. Ins Bett hat er seit Jahren schon nicht mehr gemacht. Nein! Er richtet sich auf, krabbelt aus seinem Bett, schleicht auf Zehenspitzen zur Tür.

Draußen ist kein Laut zu hören.

Wenn er mit geschlossenen Augen durch den Flur aufs Klo geht und kein bisschen guckt, da hat der Nikolaus bestimmt nichts dagegen.

Sebastian holt noch einmal tief Luft, kneift die Augen zusammen und öffnet leise die Tür.

Sein Herz schlägt bis zum Hals, als er in den Flur hinaustritt. Vorsichtig tastet er sich an der Wand entlang, Schritt für Schritt. Wenn er nur nicht über die Stiefel oder gar über den Nikolaus fällt!
Sebastian fühlt die Wand, dann eine Tür, drückt die Klinke und steht vor dem Klo. Das Licht knipst er nicht an, natürlich nicht. Aber die Augen öffnet er jetzt doch mal ganz kurz. Damit er nicht danebenmacht.
Es dauert eine ganze Weile, bis er fertig ist. Dann schleicht er mit zusammengekniffenen Augen wieder zurück.
Erleichtert schließt er die Tür hinter sich, krabbelt wieder unter seine Decke und blinzelt. Die Vorhänge vor dem Fenster bewegen sich immer noch nicht. Und er war auf dem Klo und hat niemand gesehen, auch den Nikolaus nicht.

Trotzdem hätte er es ja gern mal gewusst. Ob die Stiefel, an denen er vorbeigeschlichen ist, schon voll waren oder noch nicht. Oder ob der Nikolaus gerade in der Ecke vom Flur stand, um zu sehen, ob Sebastian heimlich doch guckt. Sebastian kuschelt sich in seine Decke. Er ist müde, aber in dieser Nacht schläft er bestimmt nicht mehr ein. Bestimmt nicht mehr, vielleicht nie mehr und . . .
»Aufstehen!«, flüstert plötzlich jemand an seinem Ohr.

Sebastian murrt. »Was? Jetzt schon?« Er war noch im Tiefschlaf und . . . Plötzlich ist er hellwach, sitzt aufrecht im Bett. Mama hockt vor ihm und sagt: »Guten Morgen, mein Sohn! Wir hatten diese

Nacht Besuch. Willst du nicht sehen, wer da gewesen ist?«

Sebastian springt aus dem Bett, reißt die Tür auf und da stehen sie: seine voll gepackten Stiefel und er steckt sich gleich eine Marzipankartoffel in den Mund.

»Mhm!«

Mama zieht die Vorhänge zurück. »Das wird ein herrlicher Tag!«, sagt sie.

Sebastian ist ganz ihrer Meinung, und ob. Er fischt schnell noch zwei Kekse mit Schokoladenüberzug aus dem Stiefel und verschwindet damit im Bad.

»Hat der Nikolaus euch eigentlich auch was gebracht?«, fragt er, als er wenig später mit Papa und Mama am Frühstückstisch sitzt.

»Uns?« Papa und Mama schütteln den Kopf. »Nein«, sagen sie. »Aber wir haben ja auch keine Stiefel vor die Tür gestellt, so wie du.«

Sebastian nickt, trinkt eilig seinen Kakao. »Jedenfalls habe ich, glaube ich, diese Nacht etwas gehört«, sagt er. »Aber nur gehört. Gesehen habe ich nichts.«
»Das ist auch besser so«, sagt Mama.
Papa nickt. »Der Nikolaus mag es nämlich nicht, wenn jemand ihm bei seiner Arbeit zusieht.«
»Ich weiß«, sagt Sebastian und beißt in sein Brot. Nur gut, dass er die Augen fest zuhatte, als er aufs Klo gegangen ist. Und dass er das Licht nicht angeknipst hat und nichts. Beim nächsten Mal bleibt er sowieso lieber im Bett und wird erst gar nicht wach. Weil er dann vorher auch nichts trinkt. Keine Milch und keinen Kakao und keinen Saft. Am besten hört er schon eine Woche vorher damit auf. Damit der Nikolaus in Ruhe seine Arbeit tun kann und niemand ihn stört. Und wenn er trotzdem

wieder wach wird, dann tut er einfach, als schliefe er fest. Und spitzt dabei seine Ohren. Weil er wissen will, ob der Nikolaus Geräusche macht oder irgendetwas sagt. Sehen will er den Nikolaus nicht. Aber hören will er ihn. Auch beim nächsten Mal wieder.

Der erste Advent

Marius sitzt mit Mama am Tisch. Es gibt Marmorkuchen mit Schlagsahne und Marius darf die erste Kerze anzünden. Heute ist nämlich der erste Advent. Marius wird ganz feierlich zumute. Mama hat das Licht in der Küche gelöscht, nur das Kerzenlicht flackert. Das ist schön. Und es riecht so gut. Es riecht schon ein bisschen wie Weihnachten.

Marius holt tief Luft. Dann isst er seinen Kuchen. Mit viel Sahne darauf.
»Schmeckt's?«, fragt Mama.
Marius nickt, weil er mit vollem Mund so schlecht antworten kann.
»Und dein Wunschzettel?«, fragt Mama und streicht ihm über den Kopf. »Hast du den schon fertig geschrieben?«
Wieder nickt Marius, schluckt den letzten Bissen hinunter und sagt: »Dreiunddreißig Wünsche sind mir eingefallen. Aber vielleicht kommen ja auch noch ein paar kleine dazu.«
»Ach so.« Mama lacht und gießt sich noch etwas Kaffee nach. »Zeig mal her!«
Marius rennt in sein Zimmer. Als er Mama den Wunschzettel überreicht, klopft ihm auf einmal das Herz. Weil Mama bestimmt wieder traurig wird, wenn sie den ersten Wunsch von ihm liest.

»Dass Papa wieder zu uns kommt«, steht nämlich da. Dreimal unterstrichen.
»Ach Marius«, sagt Mama leise und schüttelt den Kopf. »Du weißt, dass das nicht geht.«
Marius steckt sich hastig einen Löffel Schlagsahne pur in den Mund. Es ist ja auch nur ein Wunsch, denkt er. Und Wünsche gehören nun mal auf einen Wunschzettel, und ob. Außerdem haben Papa und Mama sich früher doch auch gut verstanden. Und vielleicht passiert ja ein Wunder und sie probieren es einfach noch mal.
Mama liest weiter, nickt und sagt eine Weile nichts.
Aha, denkt Marius und ist auf einmal aufgeregt. Vielleicht hat Mama nichts gegen die Katze, die gleich an zweiter Stelle auf seinem Wunschzettel steht.

Vielleicht hat sie nichts dagegen, sondern sogar etwas dafür. Obwohl sie Katzen eigentlich nicht so besonders gern mag. Aber vielleicht überlegt sie es sich noch mal. Weil er sich eine Katze so sehr wünscht. Eine schwarze mit weißen

Flecken und einem Punkt auf der Nase. Und weil er in Klammern dazugeschrieben hat: »Ich pflege sie dann immer und besorge ihr Futter.«

Marius wendet seinen Blick nicht von Mama ab. Jetzt lächelte sie sogar und Marius wüsste gern, warum.

Vielleicht hat Mama gerade von dem Fahrrad gelesen, das er sich außerdem wünscht. Und von der Klingel und dem Tachometer.

Weil sie genau das schon besorgt hat. Zusammen mit dem Christkind natürlich. Marius seufzt.
Hoffentlich denkt Mama nicht, die Wünsche, die hinten auf dem Wunschzettel stehen, wären nicht mehr so dringend. Das sind sie nämlich, und wie. Alle Wünsche sind gleich dringend. Weil er sowieso mal neue Sachen braucht. Den Kassettenrekorder zum Beispiel, die Armbanduhr, die Federmappe, die Ritterburg, die Autorennbahn, das Hockeyspiel und alles andere auch.
Wenn Papa nachher anruft, liest Marius ihm am besten auch gleich seinen Wunschzettel vor.
Oder er diktiert ihm alles. Und wenn Mama und Papa ihm versehentlich dasselbe schenken, dann tauscht er es um. Oder er bewahrt es auf und spielt

montags mit Mamas Geschenk, dienstags mit Papas, mittwochs wieder mit Mamas, immer abwechselnd. Bis die Woche herum ist.
Komisch zumute wird Marius nur, wenn er an Weihnachten denkt. Weil Papa dann nicht bei ihnen ist, so wie sonst.
Klar, den Weihnachtsbaum kann er auch mit Mama allein aufstellen und schmücken. Und die Krippe vom Speicher herunterholen und abstauben, das schon. Aber traurig ist er trotzdem, wenn er daran denkt. Papa feiert ja dann mit seiner Sabine. Sabine ist seine neue Freundin. In die ist er verliebt. Nicht mehr in Mama.
»So, so.« Mama legt Marius' Wunschzettel wieder zur Seite. »Dann wollen wir mal sehen, was das Christkind dir bringt.«
»Jedenfalls kann ich alles gut brauchen«,

erklärt Marius ihr sicherheitshalber noch mal. »Alles. Und außerdem viel.«
»Ich werde es dem Christkind ausrichten«, sagt Mama und lacht.
Marius lacht auch, aber nur ein bisschen. Dann räumen sie die Teller und Tassen vom Tisch. Mama pustet die Adventskerze aus, damit sie nicht zu schnell herunterbrennt. Bis Weihnachten dauert es ja noch eine Zeit. Nur gut, dass es den Adventskalender mit den Türen für jeden Tag gibt. Morgen ist schon die zweite Tür an der Reihe. Das macht das Warten nicht so lang. Und zwischendurch hat man immer mal etwas zu essen.
»Backen wir morgen die Plätzchen?«, fragt Marius.
»Ich weiß noch nicht«, sagt Mama. »Mal sehen, wann ich Zeit habe.«
Gerade will Marius anfangen zu maulen, da

klingelt das Telefon. Marius rennt hin. Es ist Papa.
»Na, wie geht's?«, fragt er.
Marius erzählt ihm von allem und er holt seinen Wunschzettel und liest ihn Papa vor. Papa macht sich Notizen. Sagt er jedenfalls. Marius liest extra langsam.
»Gut«, sagt Papa, als Marius alles vorgelesen hat. »Kommst du am nächsten Wochenende zu uns? Wir könnten Plätzchen backen oder zum Weihnachtsmarkt gehen.«
»Ja«, sagt Marius, »ich komme.« Er überlegt und fügt dann hinzu: »Wenn ich früh genug da bin, schaffen wir bestimmt beides.«
Papa lacht.
»Wir werden sehen«, sagt er.
Dann will er Mama sprechen. Marius rennt, um sie zu holen.

Und als Mama kommt, lauscht er ein bisschen hinter der Tür. Nur ein bisschen, weil er nicht anders kann.
Aber Mama sagt nicht viel. Und es klingt auch nicht gerade so, als ob sie sich freut.
Marius schluckt. Bis Weihnachten ist ja noch etwas Zeit, denkt er. Bis dahin ändern Papa und Mama ihre Meinung vielleicht noch. Und Papa kommt wieder zu ihnen zurück. Und alles ist, wie es war.
Marius geht in sein Zimmer, betrachtet die vielen geschlossenen Türen von seinem Adventskalender und nickt. Noch so viele Tage, denkt er. Da müssen Papa und Mama doch noch zur Vernunft kommen.
Marius setzt sich an den Tisch und schreibt seinen Wunschzettel noch einmal ab. Für Papa, falls er seine Notizen verlegt und nicht wiederfindet.

Den ersten Wunsch unterstreicht Marius dabei viermal. Zu Mama wird er auch noch mal gehen und ihr sagen: »Alle Wünsche sind mir gleich wichtig. Nur der erste, der ist mir am wichtigsten.

Und wenn Papa wirklich wieder zu uns zurückkommt, dann will ich von den anderen Sachen auch nicht mehr so viel. Höchstens die Katze und die Armbanduhr und die Rennbahn. Und wenn du das Fahrrad mit der Klingel und dem Tachometer sowieso schon gekauft hast, nehme ich das auch noch. Aber mehr nicht. Jedenfalls nicht unbedingt. Schenken kannst du es mir natürlich trotzdem.«

Marius steckt den Wunschzettel für Papa in die oberste Schublade hinein.

Vielleicht, denkt er, schicke ich ihn Papa noch mal mit der Post. Damit er sich die Wünsche besser merken kann. Und damit er Zeit hat, noch einmal darüber nachzudenken.

Vor allem über den Wunsch, der viermal unterstrichen ist.

Vier Mal. Vielleicht macht Papa es ja dann doch noch: Kommt Weihnachten mit einem großen Paket in der Hand wieder zurück und sagt: »Da bin ich. Feiern wir jetzt endlich?«

Es weihnachtet schon

Lena und Timmi stehen an der Haustür und warten auf Papa. Sie haben sich warm eingepackt, denn draußen ist es kalt.
»Wer weiß«, hat Mama heute Morgen beim Frühstück gesagt, »vielleicht haben wir Glück und es gibt zu Weihnachten Schnee.«
Lena und Timmi haben immer wieder in den Himmel gesehen. Aber es hat nichts genützt. Bisher ist jedenfalls nicht eine Schneeflocke gefallen.
Dabei wäre es so schön, wenn sie zu Weihnachten eingeschneit werden würden und nur noch Schlitten fahren könnten, überallhin. »Wenn es gleich anfängt«,

Papa plötzlich erleichtert ausrufen. Und dann kommt er endlich und sie machen sich auf den Weg, Papa, Lena und Timmi. Draußen bläst ein kalter Wind.
»Brrr«, sagt Papa und schlägt den Kragen von seinem Mantel hoch.
Timmi schlägt seinen auch hoch. Nur Lena nicht, weil sie nämlich überhaupt keinen hat.

»Bevor wir den Weihnachtsbaum kaufen, müssen wir schnell noch zur Post«, erklärt Papa. »Und zum Metzger. Und bei der Gelegenheit auch noch die Servietten besorgen. Und ein paar Kerzen.«

In der Stadt ist es voll. Die Leute eilen mit großen Tüten und Paketen aneinander vorbei und machen gehetzte Gesichter. Weihnachtsmusik schallt aus allen Geschäften. Ganz laut und kreuz und quer durcheinander. Einmal hört Lena auch »Stille Nacht, Heilige Nacht«. Fast singt sie mit. Aber im letzten Moment lässt sie es doch lieber sein und summt nur ein bisschen. Damit niemand sie hört und auslacht. Vor einem Pfeifenladen steht ein Weihnachtsmann und verteilt kleine Zettel. Aber der Weihnachtsmann ist natürlich nicht echt. Er hat einen angeklebten Bart und der Mantel ist bestimmt auch nur geliehen.
Lena guckt sich noch einmal nach ihm um. Da quietschen auf der Kreuzung plötzlich Reifen. Zu einem Unfall kommt es zum Glück aber nicht. Trotzdem hupen die

beiden Autofahrer, kurbeln ihre Fenster herunter und brüllen sich an.
»Kommt weiter!«, sagt Papa. Timmi und Lena gehen immer hinter ihm her und passen auf, dass sie nicht noch verloren gehen. So kurz vor Weihnachten. Das wäre was.
Vor einem Schmuckladen bleibt Papa stehen.
Er legt den Finger auf den Mund und flüstert: »Hier holen wir jetzt die Kette für Mama ab. Aber kein Wort zu ihr. Versprecht ihr mir das?«
Lena und Timmi versprechen es. Hoch und heilig, das ist doch klar. Obwohl Lena nicht ganz sicher ist, dass es ihr nicht doch plötzlich mal herausrutscht. Ohne dass sie es will. Aber wenn sie schon eingeschlafen ist und davon träumt und Mama es hört . . .

Endlich gehen sie, um den Weihnachtsbaum auszusuchen. Lena tun die Füße schon weh. Und Timmi hat gesagt, er stirbt bald vor Hunger. Und vor Durst. Papa hat ihn auf später vertröstet. Sie kaufen den schönsten und größten Weihnachtsbaum. Mama wird Augen machen, wenn sie ihn sieht.
Voll bepackt gehen sie schließlich nach Hause. Papa trägt den Weihnachtsbaum und eine Tüte, Timmi trägt zwei kleine Tüten und Lena trägt ein Paket.
Als sie zu Hause ankommen, muss Lena gleich daran denken. Dass sie von der Kette nichts sagen darf, die Mama bekommt. Lena beißt sich auf die Lippen.

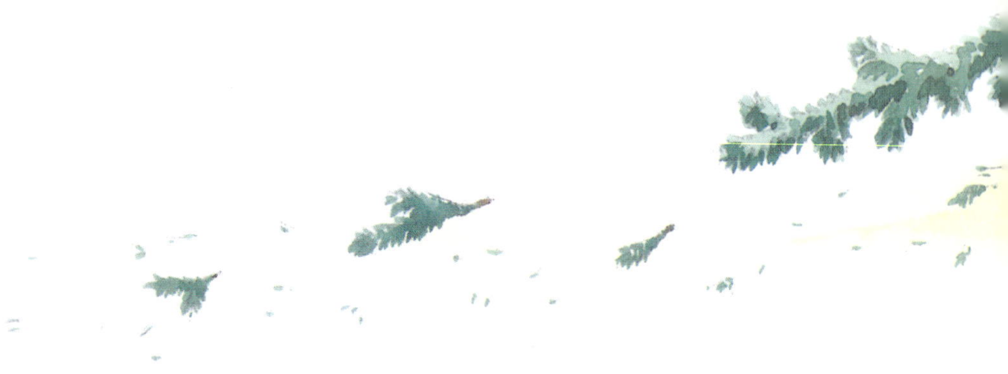

Damit nicht versehentlich etwas herausrutscht. Am besten spricht sie bis Weihnachten kein Wort mehr. Dann kann auch nichts schiefgehen und Mama hat die Kette und ihre Überraschung.
Lena versucht, an etwas anderes zu denken. Aber es klappt nicht so ganz. Sie lächelt Mama schnell zu und tut, als wäre alles wie immer.
Erst als sie den Weihnachtsbaum zur Probe schon mal im Wohnzimmer aufstellen wollen, vergisst Lena Mamas Geschenk.
Weil der Weihnachtsbaum nämlich zu groß ist und Mama mit Papa schimpft und Papa mit Mama.
»Dann sägen wir eben einfach ein Stück ab«, sagt Papa, holt eine Säge aus dem Keller und sägt. Und sägt. Und sägt. Der Wohnzimmerboden ist voller Holzspäne.

Mama stöhnt. Und Papa japst. Dann ist er fertig, stellt den Weihnachtsbaum wieder auf, aber jetzt ist er leider ein bisschen zu klein.
»Große Güte!«, jammert Mama. »Was soll denn das sein?«
Papas Gesicht läuft rot an. »Noch ein Wort«, sagt er, »und ich schaffe den Weihnachtsbaum wieder hinaus.«
»Nein«, sagt Lena schnell. »Schließlich ist er doch schön.«
Und Timmi fügt hinzu: »Die kleineren sind sowieso immer die schönsten.«
Mama schüttelt seufzend den Kopf. Und Lena muss wieder an die Kette denken, die Papa Mama schenkt. Wenn sie die sieht, ist sie bestimmt nicht mehr böse.
»Da!«, ruft Timmi plötzlich und springt zum Fenster. »Es schneit.«
Sie stehen alle vier da, gucken in den

Himmel und Mama sagt: »Kinder, Kinder! Jetzt weihnachtet es aber!«
Lena wird auf einmal feierlich zumute. Der Himmel ist voller Schneeflocken. Der Weihnachtsbaum riecht schon nach Weihnachtsbaum. Und vielleicht geht Lena gleich mit Papa auf den Dachboden, um die Kisten mit den Sternen und Leuchtkugeln und Engelsfiguren zu holen. Und die Krippe mit Maria und Josef und dem Christkind, das auf Stroh liegt und schläft. Lena schluckt. Nur noch vier Tage sind es bis Weihnachten. Vier Tage nur noch und vier Nächte, dann ist es endlich so weit.

Der seltsame Weihnachtsmann

»Pfui Teufel, ist das ein blödes Weihnachten«, stellt Jana fest und gähnt ausgiebig. Janine schreibt mit der Fußspitze irgendein Wort in den Schnee. Jana und Janine sind Zwillinge, aber grundverschieden. Nur ihre Haare sind gleich blond und lang. Jana will Testpilotin werden. Oder auch Detektivin. Mal sehen. Und Janine möchte ein Model wie Claudia Schiffer sein.

Heute ist der vierundzwanzigste Dezember und in den Häusern ringsum beginnen schon die Bescherungen. Nur Jana und Janine müssen auf ihre Geschenke warten. Denn Mama arbeitet noch. Sie ist Unfallärztin und hat heute Bereitschaft. Aber sie muss gleich kommen. Die beiden Mädchen stehen hinter den verschneiten Büschen, gegenüber von ihrem Haus und warten auf ihre Mutter. Es hat am Nachmittag geschneit und sie wollen ihre Mama mit Schneebällen überraschen. Dann, wenn sie aus ihrem Auto steigt. Mama mag Schneeballschlachten. Die beiden Mädchen frieren ein wenig und treten von einem Fuß auf den anderen. Es ist so kalt, dass der Schnee knirscht.

»Sieh doch mal den Weihnachtsmann«, sagt Jana verwundert. »Der trug einen leeren Sack ins Haus und jetzt kommt er mit einem vollen wieder heraus. Hast du so was schon mal gesehen, Janine?«

Die beiden sehen dem Weihnachtsmann nach, der den vollen Sack zu einem Kombi schleppt, der hinter den Containern am Parkplatz steht.

Es vergeht kaum eine Minute, da kommt der Weihnachtsmann zurück.
»Der hat schon wieder einen leeren Sack«, überlegt Jana laut. »Und nun geht er zu unserem Haus. Ich möchte mal wissen, bei wem der klingelt?« Sie reibt sich die kalten Ohren. »Die spielen verkehrte Welt. Die bescheren den Weihnachtsmann.«
Janine lachte leise.
Der rot gekleidete Mann trägt eine Weihnachtsmann-Maske mit einem weißen Bart aus dem Kaufhaus. Vor der Tür sieht er sich nach allen Seiten um. Die beiden Mädchen hinter den Büschen sieht er nicht.

Jana tritt aufgeregt von einem Bein auf das andere. »Der hat geklingelt. Und jetzt geht er rein.«
»Du bist echt nervig«, stellt Janine fest. »Lass den doch.« Aber Jana starrt weiter unentwegt auf den Hauseingang.
»Komisch«, meint sie. »Total komisch. Wir warten mal ab, bis er wieder rauskommt.«
Und wirklich, nach einer Weile verlässt der Weihnachtsmann erneut ihr Haus. Und er schleppt einen vollen Sack zu seinem Kombi.
»Au, Mann«, murmelt Jana. »Da stimmt was nicht.«
Sie traben los zu ihrem Haus.
»Was ist denn, Jana?«, nörgelt Janine. »Wir wollten doch auf Mama warten.«
Doch sie schlüpft hinter ihrer Schwester durch die Tür.

»Die Sache ist irgendwie komisch«, meint Jana. »Sogar sehr komisch. Da kann was nicht stimmen. Wir wollen mal sehen, bei wem der Weihnachtsmann zu Besuch gewesen ist.«

»Wie willst du das denn rauskriegen?«, will Janine erstaunt wissen.

Jana stöhnt auf. »Au, Mann, bist du aber blöd. Der war der Einzige, der in unser Haus ging. Und er hatte doch Schnee an den Schuhen. Glotz doch nur mal auf den Boden. Da! Du siehst genau, wo er zuerst war. Hier, bei Müller.«

Sie steigen weiter nach oben. »Bei Besenspecks wird er auch gewesen sein und dann bei Hammers.«

Jana legt das Ohr an das Schlüsselloch von Besenspecks.

»Lass das.« Janine zieht an Janas Jackenärmel.

»Still doch«, wehrt Jana ab und lauscht ungerührt weiter. »Da ist es total ruhig drin«, stellt sie fest.
»Na und«, mault Janine. »Da ist es eben ruhig. Vielleicht essen die.«
Jana schüttelt energisch den Kopf. »Du Scherzkeks. Da war doch gerade Bescherung. Wieso hört man da nichts?«
Sie richtet sich auf und geht zur Tür von Hammers. »Hier ist es auch total still«, sagt sie erstaunt.
»Na und«, gähnt Janine.
Jana schaut sie finster an und steigt die Treppe weiter hinauf. »Hier war er sicher auch. Bei den Heilmanns.«
Jana horcht wieder, tippt dann mit der Fingerspitze gegen die Tür. »Au, Mann, die geht auf, Janine.«
»Willst du da etwa rein?«, flüstert Janine erschrocken. Aber Jana drückt die Tür

HAMMER

schon auf. Keinen Laut hören sie in der Wohnung. Das ist unheimlich. Sehr unheimlich.

Nun ahnt auch Janine, dass etwas Bedrohliches geschehen sein muss.

»Kein Mensch hier«, flüstert Jana. »Aber es brennt doch Licht.«

»Herr Heilmann«, ruft sie laut. Ihre Stimme klingt ein wenig ängstlich. Aber niemand antwortet. Weder Herr Heilmann noch Frau Heilmann. Auch nicht Philipp Heilmann aus der 2 c. Der kleine Blonde mit der bunten Brille.

Die Mädchen lauschen an der Wohnzimmertür.

»Da ächzt jemand«, flüstert Janine. Vorsichtig öffnet Jana die Tür. Aber nur einen Spaltweit. Doch was Jana und Janine nun sehen, wollen sie nicht glauben: Der Weihnachtsbaum ist

erleuchtet, die Kerzen brennen. Vor dem geschmückten Baum sitzt die Familie Heilmann auf Stühlen. An Händen und Füßen gefesselt. Den Mund mit Klebeband verschlossen.
»Au, Mann«, murmelt Jana erschrocken.
Janine ist ganz blass geworden und hält ihre Hände vor den Mund.
Vorsichtig löst Jana die Klebebänder.
»Verflucht«, schnauft der befreite Herr Heilmann. »Wir bestellen einen Weihnachtsmann zur Bescherung, der zieht eine Pistole und raubt uns aus! Holt mal ein Messer aus der Küche, Mädchen, mir sterben schon die Hände ab.«
Jana sucht ein Messer und zerschneidet vorsichtig die Fesseln. Nun geht alles sehr schnell. Herr Heilmann ruft die Polizei.
Und den Polizisten erzählt Jana aufgeregt, was sie gesehen haben.

Die Polizisten öffnen die Wohnungstüren. Überall bietet sich ihnen das gleiche Bild. Gefesselte Familie sitzen auf Stühlen oder Sesseln. Die Münder verklebt. Dann zeigen Jana und Janine den Polizisten den Platz, an dem der Kombi gestanden hat.

»Ihr seid ja spitze, Mädchen«, lobt ein Polizist schmunzelnd. »Wenn ihr groß seid, könnt ihr bei uns anfangen.«
Da hält auch schon der Wagen der Mama neben dem Polizisten.
»Mama, das ist ein tolles Weihnachten«, ruft Jana glücklich.
Die Mama lacht überrascht auf. »Aber Kinder, ihr habt doch die Geschenke noch gar nicht gesehen.«

Pferde,
meine große Liebe

ISBN 978-3-401-45208-1

Ab 10 Jahren. 320 Seiten.
Gebunden. Format 14,0x21,5

www.arena-verlag.de

ZEBRA